PINTURA DE MESTRE III

RICARDO MASSUCATTO

Conteúdo
PREFÁCIO
INTRODUÇÃO
A OXIDAÇÃO DA TINTA
O S SEGREDOS DE UMA BOA PINTURA
SKETCHING
MATERIAL
INÍCIO DE UM TRABALHO
PREPARO DA TELA
O RISCO
MARCAÇÃO INICIAL
FINALIZANDO O UNDERPAINTING
DEAD COLOUR
CURTINDO O MOMENTO
MONTANDO SUA MESA
QUALIDADE DE TINTAS E MÉDIUNS
CAVALETE DE PINTURA
TINTAS NA PALHETA

PREPARO DE MEDIUNS
PINCÉIS
ESCOLHENDO O MODELO E DESIGN
ESTUDANDO SEU MODELO
A DISPOSIÇÃO DO ESTÚDIO
O PASSO A PASSO
CENA DE PARIS EM ETAPAS
ERRO BÁSICO DO PRINCIPIANTE: A PRESSA!
ESTUDO DE TÉCNICAS
O GORDO SOBRE O MAGRO
TOQUES COM O PINCEL
O PLANOS DO TRABALHO
O APONTAMENTO
UNDEPAINTING
O REFINAMENTO
VELADURAS
A LUZ REFLETIDA
ECONOMIZE A LUZ
DOMINANDO A PINCELADA
RETRATO
PINTE SEGUINDO A FORMA
FINALIZANDO

PREFÁCIO

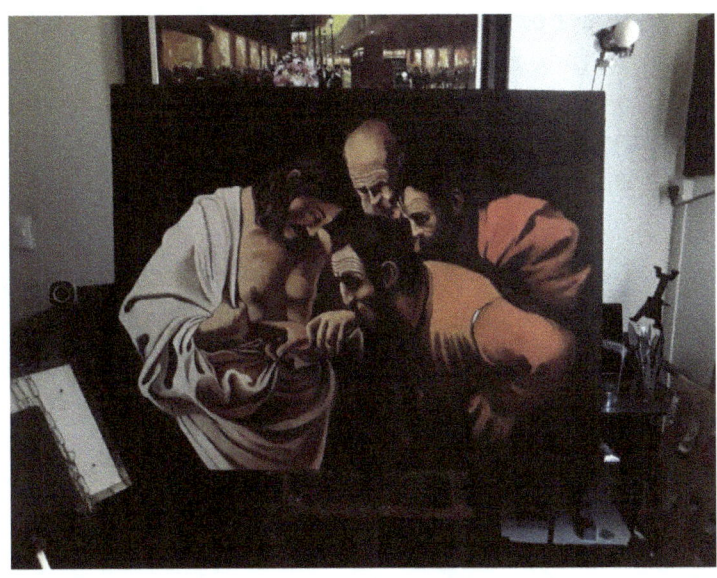

É com grande satisfação que trago aos meus leitores o terceiro volume desta série. Estamos com outra programação e lançamos nosso **CURSO DE DESENHO E PINTURA NO HOTMART** e também nosso curso Pintura de Mestre na **UDEMY.**

Junto com os Ebooks estamos formando uma base sólida e diversificada para quem se propõe a pintar sem professor ou ir além dos ensinamentos dos mestres.

Neste terceiro volume procuro reparar alguns conceitos já abordados nos volumes I e II. Acrescento outros detalhes e amplio as técnicas, caminhos e possibilidades.

Na verdade existem várias maneiras de se conseguir um resultado final e cada artista tem a sua preferida ou usa partes de uma ou outra maneira no seu trabalho, adaptando a sua maneira de acordo com o seu gosto pessoal e habilidade.

Assim sendo não há certo ou errado e você pode riscar sua tela com lápis, carvão ou com o pincel, quadricular ou não, fazer ou não underpainting e mesmo pintar Alla prima ou em camadas. Este e-book solidificará suas possibilidades e técnicas. Esse é o objetivo.

No final deste Ebook damos a você o código para acesso a vídeo aulas exclusivas aos alunos. Solicite pelo e-mail com o CÓDIGO DO ALUNO

Bom Estudo.

Ricardo Massucatto

Introdução

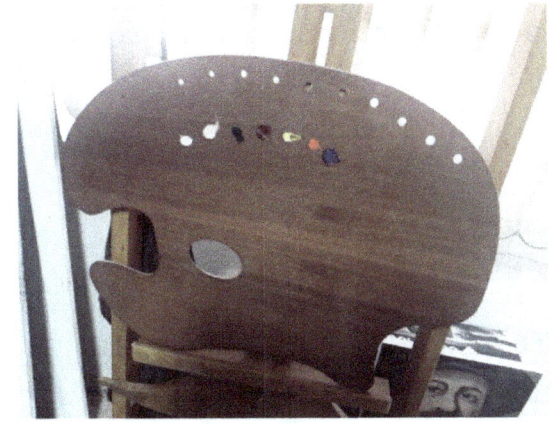

Depois de sedimentar as bases da pintura em camadas e técnicas diversas reservei este terceiro volume como um complemento mais aprofundado de muitas coisas já comentadas e aproveito para completar alguns novos conceitos e técnicas.

Neste volume estarei exemplificando muitas coisas que eu faço no meu dia a dia, os meios que uso, os recursos e o material. Não seguirei aqui uma ordem, você pode ler os capítulos de forma aleatória escolhendo a sua ordem de preferência e interesse pessoal.

Como nos volumes I e II estarei ilustrando sempre que possível de forma que estas técnicas e possibilidades fiquem bem esclarecidas, de leitura rápida e sem ser monótono.

A expectativa é trazer novas idéias ao artista iniciante, abrir seus horizontes e mostrar que cada um pode variar de acordo com a sua preferência e gosto pessoal.

Sempre que se faz o que gosta o retorno positivo é inevitável. Acredite nisso.

Boa leitura.

O autor.

RICARDO MASSUCATTO

A OXIDAÇÃO DA TINTA

Quando você está pintado uma tela as áreas que secam sofrem um processo de oxidação. Assim parecem diferentes do que foi realmente pintado.
Observe na foto abaixo na figura a direita que o cabelo e o rosto aparecem pálidos e sem a vivacidade de outros pontos da tela, pois secaram e sofreram a oxidação.

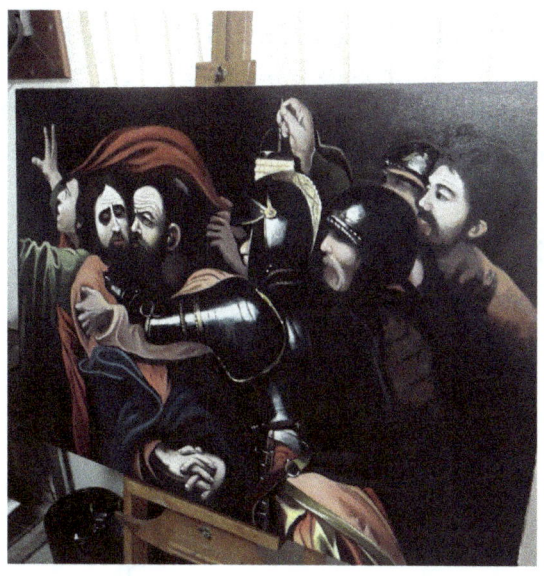

Se você for retocar esse ponto recomenda-se uma

demão sobre ele de um verniz de retoque ou mesmo de linhaça. Em mínima quantidade e espalhado com um pincel largo sobre a área a ser retocada. Ao fazer isso as cores ficam vívidas e o retoque também fica facilitado não apenas pela adequação das cores mas também ao toque com o pincel com a nova tinta.

Não exagere na linhaça pois o local ficará demasiadamente gordo e de difícil secagem.

Eu gosto de fabricar meu verniz de retoque com a seguinte fórmula:

Terebintina............................... 60%
Óleo de linhaça clarificado....... 20%
Verniz Dama............................ 15%
Secante de cobalto................... 5%

Exiistem ótimos vernizes de retoque e a minha indicação é o verniz da Winsor&Newton que tem ótima qualidade.

OS SEGREDOS DE UMA BOA PINTURA

Por muitos anos desenvolvi um estudo procurando incorporar todos os elementos necessários à realização de um trabalho com qualidade e técnica. Nesse caminho fui observando que muitas coisas eram desnecessárias na concretização de um projeto, embora pertinentes não fossem fundamentais. Outras o contrário!

Um bom exemplo disso é que para uma boa pintura o desenho detalhado é muitas vezes desnecessário. Que a habilidade com o pincel não é o fator determinante e que mais vale o todo que o detalhe. Isso se estende ao desenho, a pintura e a aquarela.

O sucesso em um trabalho passa sempre bem a nossa frente, muitas vezes encoberto pela confusão de cores, de detalhes e de demasiada informação. Captar a essência do motivo, saber filtrar o básico, a linha mestra e a dimensão tonal, resumir sua observação e exaltar os pontos maiores são as ferramentas que estou aqui propondo a desvendar.

Para isso reuni uma série de anotações, de estudos, que fui realizando ao longo dos anos. Vou explicar como usar a sua habilidade e especialmente a simplicidade para ter sucesso em seu trabalho como artista. Lembre-se que isso requer antes de tudo uma abordagem direta, sem muitos detalhes e sem muita teoria. Aqui a ferramenta maior é sua observação, seu olhar perspicaz, sua atenção ao que é fundamental, ignorando o que não precisa ser observado.

No geral ampliaremos nosso horizonte, abriremos as portas necessárias e trabalharemos nossa observação. A arte se resume a pouca coisa, poucos traços e a muita imaginação. Esse é o ponto!

No geral procure ser simples. Desenho com poucos detalhes pinte de uma maneira simplificada, separe em etapas e respeite as regras fundamentais não queimando etapas básicas. Respeite muito o DESENHO, observe atentamente os TONS e as CORES e assim fazendo seu trabalho terá êxito.

Tente diversificar, fazer diferente sem medo de errar. Saia do trivial, do cotidiano e procure novos caminhos mesmo que erre de início. Saia da sua zona de conforto, pois ela não acrescente nada ao que você já tem. Procure misturar as técnicas e elabore novos caminhos.

Use os ensinamentos aqui apresentados como uma pastilha a mais no seu mosaico de conhecimento artístico e verá que às vezes um detalhe a mais faz uma enorme diferença.

Por fim desta explanação inicial um detalhe fundamental que estarei abordando diversas vezes neste trabalho que é a OBSERVAÇÃO. Aprender a parar e observar o modelo, comparar com o seu e corrigir os erros. Mais ainda observar antes para errar menos. Dizem que o talento é 20% inato e 80% superação e eu diria que em tudo isso a observação é 90% do caminho e garanto a você que não há exagero nisso. Dessa forma estarei repetido para que você não só leia, mas pratique. No geral um conselho inicial é pintar menos e observar mais.

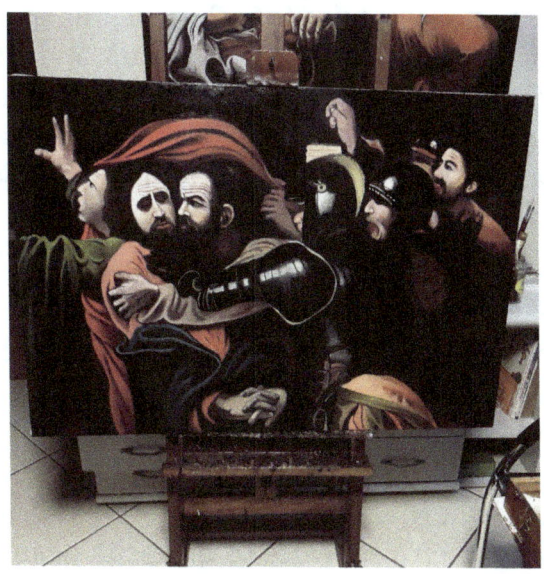

SKETCHING

O início de uma habilidade requer prática. Ninguém aprende desenho e pintura só estudando. O fator básico para o desenvolvimento do desenho se chama sketching, ou seja o esboço rápido e criativo feito em poucos minutos. O sketching pode ser de uma cena urbana, de uma figura andando, de um objeto ou de um monumento. A habilidade em resumir com graça e com poucos traços é uma coisa que vai se desenvolvendo de forma natural com a prática.

Seus primeiros desenhos rápidos podem ser errados, feios, desprovidos de fluidez e presos. O mais importante é que você perceba que eles são assim. Uma vez achado os erros conseguiremos as melhoras necessárias com muito mais facilidade e rapidez. Inicie seu trabalho fazendo desenhos ao ar livre, na rua, na sua casa, no seu cotidiano, no parque no metro etc. Você só necessita de um livro de estudos, um apontador e um lápis macio. Guarde esses desenhos para um exemplo do seu início, como algo a ser comparado e desenvolvido, esquente seus músculos e sua imaginação e vamos em frente.

MATERIAL

Por ora estamos no desenho, não perde tempo detalhando tintas, solventes e tudo o que este livro aborda. Cada coisa entrará no momento apropriado. Não quero encher páginas sem conteúdo prático. Temos muitos livros assim, que pouco ensinam. Assim sejamos práticos:

- Um lápis macio. Gosto muito do Super Sketch 8611 Bruynzeel design- Holland. Se não conseguir ache um com grafite macio, 6B que já é o suficiente.
- Um caderno de estudo, com folhas não muito finas, que possa ser desenhado com lápis, receber acabamento com marcadores e depois com tinta aquarela e até óleo e acrílico. As folhas pintadas provavelmente ondularão, porém suportando a pintura já é o suficiente para o estudo.
- Uma borracha macia para correções.
- Um marcador Stabilo fine 1.0 e um mais grosso Sharpie fine point.

Com isso já podemos, iniciar nossos estudos sem perda de tempo. Esse material é facilmente achado em lojas e até em supermercados.

INÍCIO DE UM TRABALHO

Ao escolher um motivo para pintar você antes de qualquer coisa deve observar os princípios básicos para que se tenha um resultado satisfatório frente ao seu objetivo. Assim antes de qualquer coisa não tenha pressa!

- Estude bem seu motivo.

- Observe como é a composição, onde está a luz e a sombra.

- De qual lado vem a luz e como ela está distribuída.

- onde está o ponto principal do trabalho.

- Quais serão as cores utilizadas e como serão feitas as misturas.

- Se necessário faça estudos preliminares de pontos importantes.

- Observe como a pintura é resumida. Sempre faça partes resumidas, pinte do todo para o detalhe.

- Tente entender a combinação das cores. Se tiver uma escala de Gamut tente entender a composição das cores.

- Veja os espaços e o tamanho dos pincéis para áreas grandes, pequenas e até mesmo para detalhes.

- Faça um estudo tonal, se possível imprima em preto e branco o motivo e estude seus tons.

Pense nas cores. Veja como elas foram usadas, analise seus tons, as cores usadas, as análogas e as complementares. Veja como o artista no modelo usou o claro e o escuro para atrair a sua atenção. Veja se tem um ponto de ouro e se a composição está bem balaceada.

Perca um tempo precioso CURTINDO seu motivo. Observando e planejando para que o seu trabalho não seja um jogo de tentativas e erros, mas sim um trabalho elaborado e sedimentado. Muitas vezes observamos quadros rústicos, com poucas pinceladas e, todavia fascinantes. Eles têm embutido o estudo correto e isso mostra que esse estudo vale mais que a habilidade com o pincel.

Antes de pintar estude seu motivo seja ele foto ou ao vivo.

De uma forma geral se você planejar e entender os pontos chaves com certeza terá um melhor resultado que sair pintando direto.

Mesmo os mestres antigos faziam estudo separados de figuras e elementos do quadro principal. A qualidade requer planejamento e técnica.

Analise todos os fatores citados e passe então para a primeira parte que é o desenho na tela.

PREPARO DA TELA

Escolha uma tela no formato apropriado. Verifique se não há imperfeições no tecido. Lembre-se que aqui está uma etapa freqüentemente negligenciada por muitos artistas principiantes que iniciam seu trabalho sem qualquer preparo. Evidentemente um trabalho grosseiro, espatulado não requer um preparo esmerado, porém um óleo fino, veladuras requer procedimentos básicos de preparo.

Vamos aos principais:

- Com uma espátula plástica passe gesso sobre a tela sem deixar elevações ou riscos. Espere secar bem. (12 horas).

- Lixe com uma lixa bem fina suavemente sem pressionar o tecido.

- Repita a aplicação de uma segunda camada de gesso e após secagem lixe novamente. Espere 24 horas novamente

- Se necessário retire alguns grampos e reestique a lona para que esta fique bem esticada e não bamba. Para isso é fundamental ter um grampeador de tela.

- Faça a imprimadura do fundo. Use um alaranjado

com um pouco de ocre. Eu costumo usar tinta acrílica que seca rápido. Observe que a tela deve receber mais um, a coloração, assim a base não pode ser espessa e a tela tem que respirar, ou seja, não perder toda a luz do branco do fundo. Observe a figura para entender como deve ser feito. Essa imprimatura tem por objetivo não deixar frestas no seu trabalho final e ajuda o artista a equacionar melhor as cores. É muito mais fácil equilibrar cores numa tela com uma imprimadura do que em uma tela branca que reflete muita luz. Para fazer com acrílico use acrílico liquido em um prato rodeado de água e vá pegando a tinta pelas bordas para que ela venha na medida certa, nem muito fina, nem muito opaca. Deixe a sua tela respirar. Isso é fundamental. Não faça um fundo chapado.

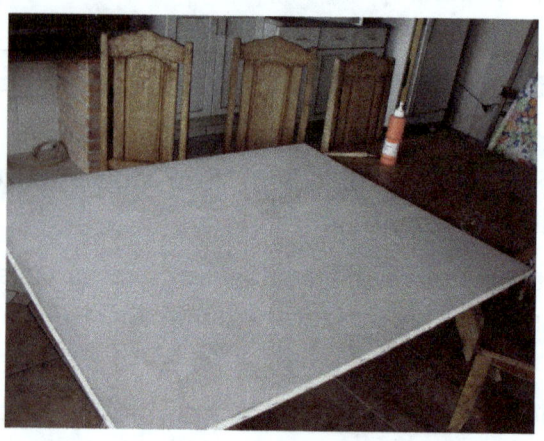

TELA PÓS GESSO – IMPRIMADURA COM ACRÍLICO

PINTURA DE MESTRE III

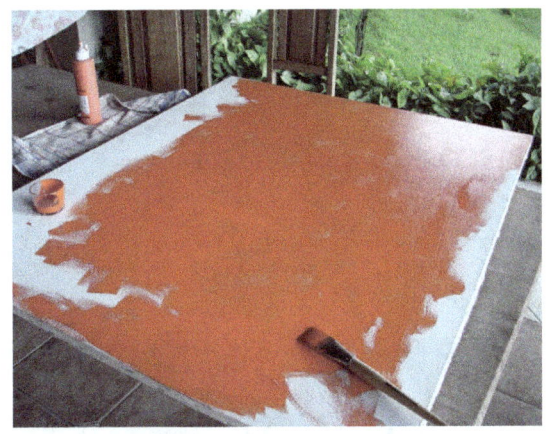

FAZENDO A IMPRIMADURA COM TINTA ACRÍLICA

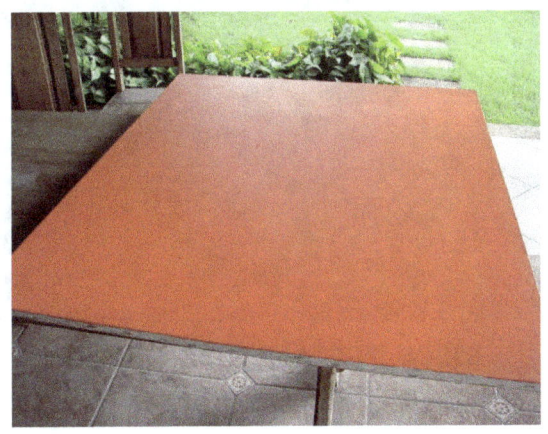

TELA PRONTA

O RISCO

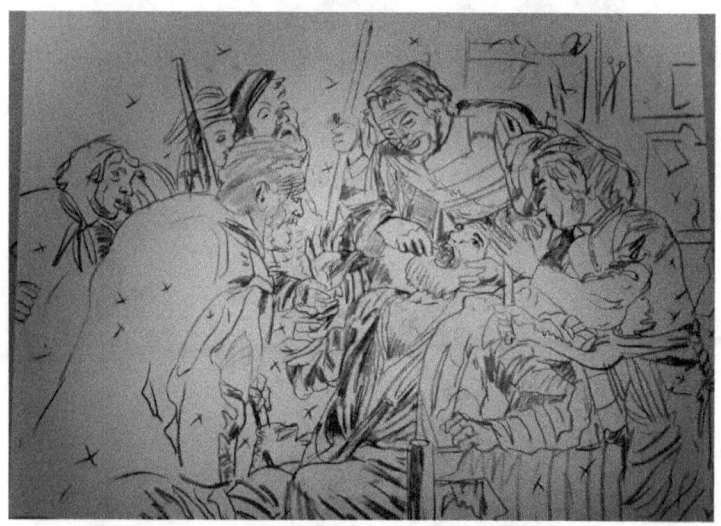

**RISCO INICIAL – NO X MARCO
AS CORES DE FUNDO**

Faça as marcações necessárias na tela e no modelo. Pode utilizar uma régua grande para as diagonais como na figura. Tome o cuidado para enquadrar corretamente todos os elementos.

Risque inicialmente todos os grandes elementos. As partes maiores e gerais só depois do conjunto vão para os detalhes.

- Use um carvão vegetal de espessura média para o geral e fino para os detalhes. Nunca risque com lápis. No futuro existe a possibilidade de riscar com tinta em motivos menos complexos.

Ao riscar com carvão segure a barra ou o carvão da forma mostrada na figura abaixo. Nunca segure como um lápis ou como um pincel.

- Uma vez feito e corrigido bata suavemente com um pano na tela. Fixe com laquê spray forte para cabelo. Para isso faça um spray rápido, espere secar, repita varias vezes dessa forma para que não escorra nada. Coloque a tela em uma mesa e faça a fixação na horizontal para não escorrer e em etapas. Seco estará pronto para pintar.

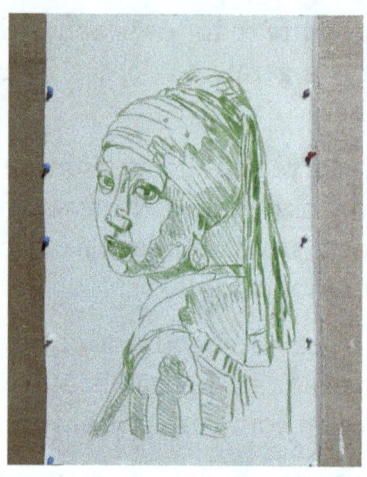

Desenho na tela da Moça com brinco de pérola

Neste caso o desenho foi feito com um marcador verde. Não usei o marcador preto popis fica muito dificil de cobrir com as cores. Geralmente marcador verde ou vermelho são mais fáceis de serem cobertos.

Marcação inicial

Aqui faço com tinta a marcação inicial do trabalho. Uso um pincel filbert chato da **Winsor&Newton Galeria** que é muito bom para esta marcação. Você pode usar um pincel redondo, porém com este filbert terá maior qualidade no traço.

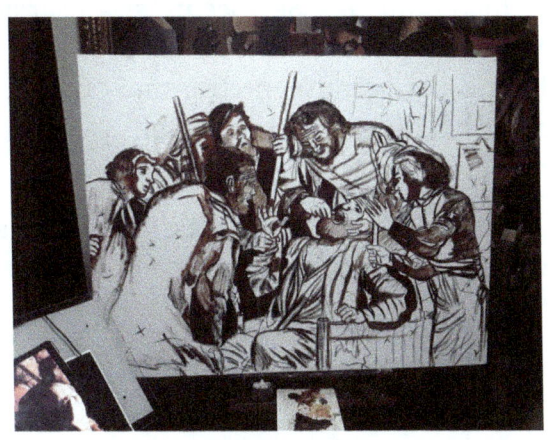

**CONTORNO INICIAL DO RISCO
COM SIENA QUEIMADA**

Uso **terra de siena queimada** nesta fase. Além de ser uma cor de secagem mais rápida esta cor é uma base muito boa para a pintura de figuras. Mesmo que você utilize uma palheta limitada como a de Zorn com poucas cores esta base será adequada. Embora seja uma fase inicial de seu trabalho fazer um risco correto é muito importante.

Deixe o trabalho secar totalmente antes de ir a próxima etapa.

Aqui o pincel filbert de ponta longa é fundamental. Costumo usar o da série Galleria da Winsor&Newton que é ótimo para esta fase. Lembre-se que estes pincéis são caros, assim evite usar acrílico nom eles. Se você precisa usar acrílico buscando uma secagem rápida use um pincel mais barato pois geralmente mesmo bem limpos o acrílico agride mais o pelo do pincel.

Mesmo usando oleo no final dessa etapa faça uma limpeza cuidados como eu explico em outro capítu

FINALIZANDO O UNDERPAINTING

Aqui uma vez terminado os contornos estabeleço a marcação dos claros e dos escuros. Usei siena queimada para os contornos e Raw Unber para os tons mais escuros e a mistura dos dois para os tons mais claros.

Dessa forma sua tela estará preparada **uma vez seca** para a colocação das cores. Se for uma pintura em camadas ela será feita em tons de cinza iniciando pelos pretos e tons mais escuros. Neste exemplo eu não fiz por camadas, mas sim passei direto **ao DEAD COLOUR** que é a primeira camada de cores.

Eu considero o underpainting de duas formas: Completo e Parcial. No parcial eu sugiro os contornos apenas edou uma leve tonificada nas figuras. Nos retratos eu uso o underpainting completo ou seja faço toda a pintura. Veja abaixo a Moça conm brinco onde o underpainting foi completo.

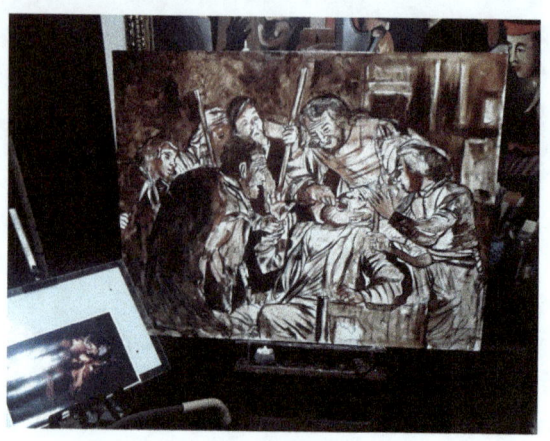

UNDERPAINTING FINALIZADO

Espere secar completamente para ir à próxima etapa. Alguns artistas gostam de fazer essa etapa com tinta acrílica. Eu particularmente acho que para telas mais elaboradas e que necessitam de um traço mais preciso o fato de diluir com água torna a precisão mais difícil e requer mais prático e controle na diluição da tinta. Eu gosto se tenho pressa de usar o Liquim como solvente e fazer esse underpainting inteiro com ele que propicia uma secagem rápida em 12 horas, porém se você vais fazer a continuação do Dead Colour no dia a opção será o acrílico.

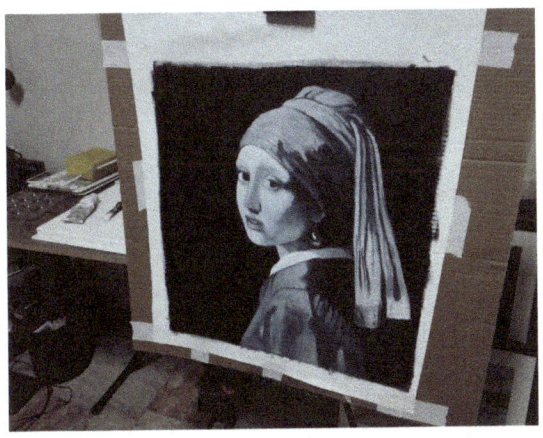

Underpainting em tons de cinza da Moça com brinco

Neste exemplo eu mostro um underpaintig completo como Ingres fazia. Toda a tela será repintada sobre ele com as cores.

DEAD COLOUR

DEAD COLOUR é o nome que se dá a primeira camada de cores. No geral estabelecemos as bases de cores nos vários seguimentos da pintura. Nesta fase você já pode modelar os tons, o claro e o escuro, mas faça isso de uma forma mais ampla e menos minuciosa. Lembre-se que os detalhes devem ficar para o acabamento.

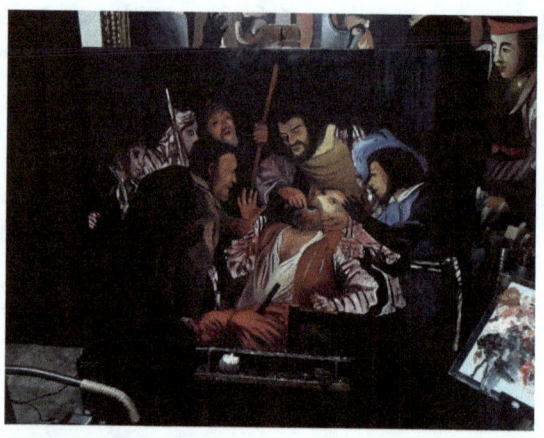

DEAD COLOUR- CHAMADA CAMADA MORTA

Uma vez seca você passará para o acabamento. São mais duas fases: Uma de acabamento e outra de veladuras para a finalização do trabalho.

CURTINDO O MOMENTO

Veja quantos detalhes foram feitos antes de pintar qualquer coisa! Quantos pontos foram estudados, observados, preparados. Sente e observe. Eu sempre sento no meu ateliê nesta fase e fico olhando a tela preparada e o modelo. Curto o momento, faço uma reflexão do trabalho a ser feito, de como vou realizá-lo Revejo as cores, observo muito o modelo. Com os olhos semicerrados tento obter uma imagem míope do todo, para iniciar como a mancha geral, distribuir as cores de fundo e estabelecer o toda a base do trabalho. Sempre passo algum tempo nesta reflexão, aprecio o momento afinal já fiz muita coisa, preparei a tela, desenhei, fixei e ela está pronta para o trabalho. Não ha pressa em sair pintando, você não está com pressa nem com a necessidade de pular etapas. Lembre-se que a curtição do momento vai fazer uma enorme diferença no resultado. Essa meditação sedimenta cada passo, estabelecem limites, crítica, observação e tudo isso faz uma enorme diferença. Muitas vezes eu deixo para o dia seguinte e fico curtindo o trabalho. Como um vinho, sem pressa. Quando você respeitar o tempo e observar mais que pintar vai compreender que isso faz uma enorme diferença.

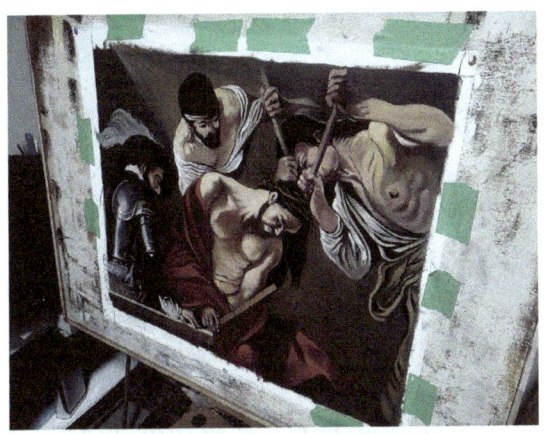

**COROAÇÃO COM ESPINHOS –
RELEITURA CARAVAGGIO**

MONTANDO SUA MESA

Organize suas tintas, separe as terrosas, os azuis, cores quentes e frias, deixe o branco em um canto em geral com 2 blocos separados, amarelos etc. Aqui um detalhe FUNDAMENTAL. Não economize tintas. Não há necessidade de muitas cores, porém coloque quase todas as que tenham, pois a economia nesta fase compromete todo o trabalho. Organize seus pincéis, seus médiuns como linhaça terebintina ou Liquin, separe alguns panos limpos e um balde para lavar os pincéis. Organize tudo de forma ordenada e minuciosa.

Deixe a mão uma espátula de palheta para misturas, sua palheta de pintura. Eu gosto de palhetas de vidro ou de madeira. Nas de madeira as já muito usadas e no acabamento uma mais nova de cor escura. A cor escura da palheta facilita na mistura das tintas, como na imprimadura da tela fornece melhor visualização das misturas e dos tons.

PINTURA DE MESTRE III

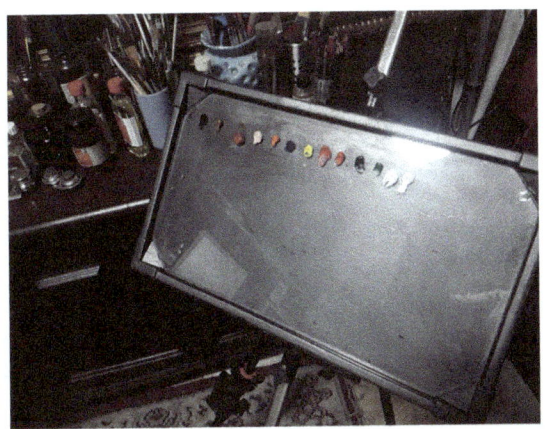

PALHETA COM FUNDO CINZA EM VIDRO

QUALIDADE DE TINTAS E MÉDIUNS

Não adianta sermos simplistas e falarmos que tudo é igual, que quem pinta bem pinta com qualquer material e quem não sabe pintar não vai fazer nada com o melhor material do mundo. Isso é balela. Material de qualidade faz uma enorme diferença. A tinta possui maior cobertura, os efeitos conseguidos são melhores, mais amplos, a suavidade e cremosidade da tinta é muito diferentes, o manejo com o pincel se faz de forma diferente. No início use qualquer tinta para o aprendizado e vá aos poucos investindo em um material profissional. Ele dará qualidade ao seu trabalho não só na durabilidade mas também na execução. Da mesma forma um óleo de linhaça mais fino, de qualidade é melhor que uma linhaça amarelada e grossa. Uma linhaça veneziana é melhor para veladuras, etc. A qualidade do material não deve alterar seu início, porém é importantíssimo no seu fim.

PINTURA DE MESTRE III

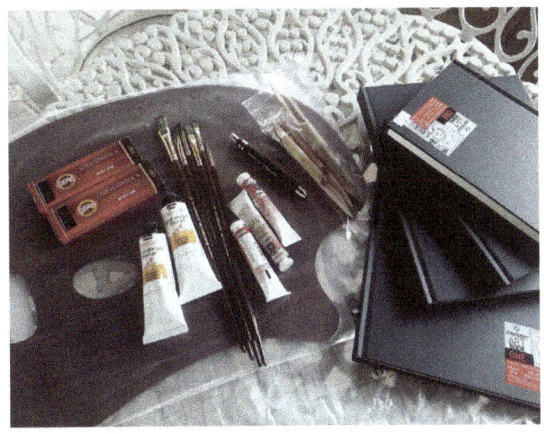

CAVALETE DE PINTURA

Existem cavaletes de madeira de diversas categorias. O amador não tem uma base sólida e sua regulagem é muito trabalhosa. Os melhores são os Trident, mais robustos e com regulagem de altura com catraca facilitando as mudanças durante a pintura. Quando puder invista em um bom cavalete. Ele é para toda a vida.

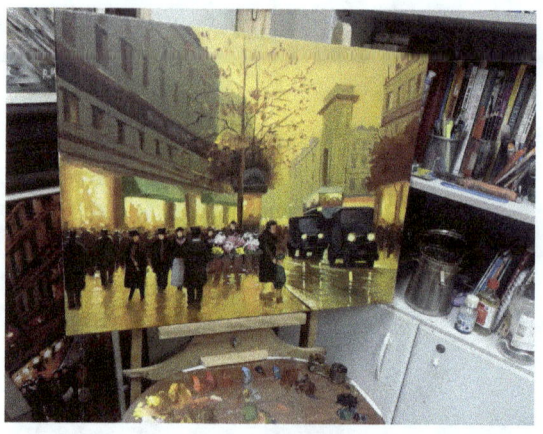

CAVALETE COM SUPORTE PARA PALHETA

Este é um cavalete mais antigo, mas tem as duas funções principais: Suporte para palheta e regulagem de altura. A regulagem de altura é uma borboleta que pode ser regulada conforme a parte que você estiver pintando. Isso é fundamental neste tipo de pintura.

TINTAS NA PALHETA

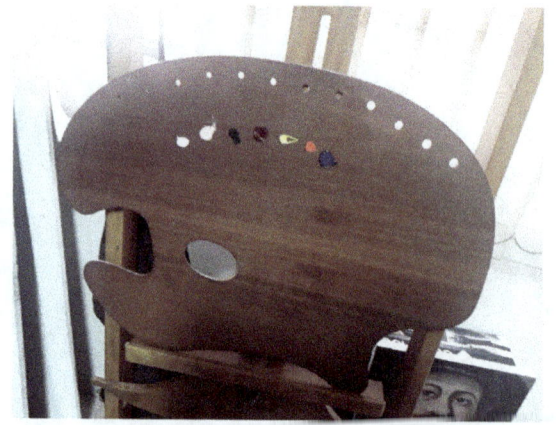

Palheta de acabamento

Na figura acima temos a palheta de acabamento. Nas bordas furos que podes acomodar um pincel quando estiver pintando em pé sem suporte lateral e dessa forma as tintas ficam abaixo deste espaço. Na palheta inicial não deixo esses furo na borda e coloco as tintas em uma ordem específica que sempre será repetida e no geral não retirada. Você no final de sessão limpa a parte central onde as misturas são feitas e as bordas com as tintas ficam reservadas. Neste caso recomendo ter uma espátula pequena para tirar uma cor que queira na mistura sem levar restos para esse espaço e não estragar a base de cada cor em seu espaço.

Organize as tintas por grupos, deixe espaços para misturas tradicionais exemplo carmim com verde esmeralda, branco com azul, verde perto do amarelo etc. Isso varia com cada artista e com sua prática. Veja como monto minha palheta.

Use um espremedor de tubos. Isso aumentará muito o rendimento de suas bisnagas e facilitará o trabalho ao espremer tubos no final da tinta. Com um espremedor o aproveitamento será quase cem por cento. Ter ele a mão facilita o trabalho quando for repor alguma tinta que vá acabando.

PREPARO DE MEDIUNS

Há muitas fórmulas, uma diversidade enorme de tipos citadas na literatura. No geral o clássico é escolher o médium de acordo com a fase da pintura. N início não muito gordo ou extremamente fino.

Fórmula de início:

50 % de Linhaça
50% de terebintina
Um pouco de secante de cobalto (1 conta gotas)

Fórmula de finalização:

70% de linhaça
30% de terebintina
½ conta gotas de secante de cobalto.

Liquim tradicional l= É um médium alquídico muito versátil que cada vez mais vem sendo utilizado no lugar dos tradicionais. Eu uso o mesmo com um pouco de terebintina no início e só ele na finalização. É um médium ótimo para veladuras, detalhes, seca ao toque em 24 horas e tem ótimo custo benefício. Vem sendo minha escolha. Compro latas de 1 litro, pois o custo é melhor que em pequenos vidros.

PINCÉIS

Para a pintura o artista deve ter uma variedade de pinces que permita realizar os diversos tipos de pincelada e traços. Tenho visto dezenas de publicações referindo serem necessários 2 a 3 pincéis, porém isso não corresponde a verdade. Dependendo do tamanho da tela os pincéis precisam ser maiores ou menores que a média. No geral necessitamos de um chato largo 12 a 14, um chato 6 ou 8 redondos 6 a 10 e um filete.

Quanto aos pelos tenha de cerdas mais grossas como pelo de boi e alguns mais versáteis, sintético, pincéis de marta são raramente utilizados mais em acabamento e veladuras. Escolha pincéis de cabo longo que são mais apropriados para a pintura a óleo. Você pode optar por pincéis curtos para pequenos acabamentos e detalhes.

A qualidade dos pincéis tem importância para a durabilidade do mesmo. Pincéis de qualidade duram muito mais e se bem cuidados por muitos e muitos anos. Recomendo que sejam limposcom um papel toalha ou um pano trapo limpo. Depois sejam lavados com querosene em um balde de limpeza. Nesse processo flexione bem a parte do pelo próximo a virola para que aí não fiquem resíduos de tinta que danificam o pincel.

Regras fundamentais:

- Nunca misture pincéis de acrílico com óleo.

- Sempre lave no balde os pincéis de óleo com querosene, pois o querosene preserva os pelos e sua delicadeza.

- Pincéis de acrílico devem ficar na água nos períodos em que não estão sendo usados, mesmo que por pouco tempo. Secagem rápida danifica os mesmos.

- No final da limpeza lave com água mais detergente.

ESCOLHENDO O MODELO E DESIGN

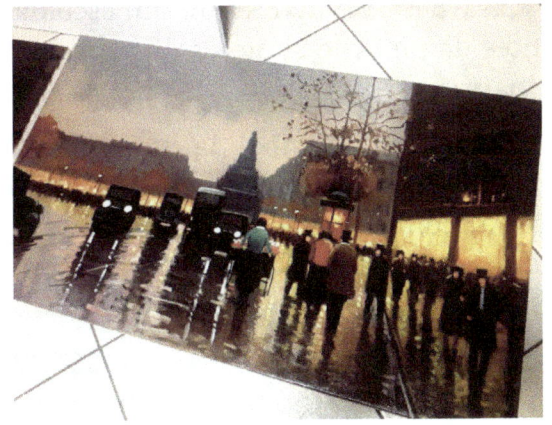

CENA DE PARIS

Para um resultado feliz torna-se necessário uma escolha feliz. Procure modelos com design, com boa composição, com equilíbrio com contrastes de luz e sombra, com cores dentro de um padrão definido. Estude seu modelo de acordo com a sua tela, veja o que pode ser omitido. Se usar fotografia não hesite em ser resumido. Simplifique, diminua os elementos e os detalhes necessários, muitas vezes até altere a cena ao seu gosto pessoal. A idéia é ser minimalista sintético e ter bom gosto.

Pinte o que você gosta, interprete a sua maneira e escolha de acordo com os seus sentimentos. Não tenha pressa nesta seleção, não escolha algo mais ou menos, algo que te desagrade um pouco, ou que não seja sua composição ideal. Um dois segredos do caminho é escolher bem o início. Um bom início resultará em etapas sólidas e o contrário a etapas apressadas e desestimulantes. Assim escolha muito bem antes de pintar e se necessário facão esboços preliminares.

Fique atento ao tamanho da sua tela. Veja se seu modelo se enquadra nas medidas, não tente distorcer e acomodar, não deixe algo muito grande apertado na sua tela fora de proporção prejudicando seu design.

Veja novamente a importância da **OBSERVAÇÂO.** Não é só na pintura e no detalhe, mas ainda mais importante, no alicerce de sua obra. Não esqueça nunca que esta é a sua principal ferramenta e que nenhum material caro e sofisticado corrigirá isso.

ESTUDANDO SEU MODELO

Pegue seu modelo e estude- o minuciosamente. Assegure-se que o modelo tenha uma dimensão razoável para o estudo. Veja inicialmente o geral sem se preocupar com detalhes. Para isso faça o olhar míope contraindo ligeiramente seus olhos mais fechados e obtenha a mancha geral de sua tela. O borrão inicial. Ao iniciar sua pintura não se preocupe em detalhes. Faça inicialmente o borrão e depois vá detalhando os setores. Compreender isso no estudo já ajuda você a sintetizar sua pintura.

Estude os tons, onde é mais escuro e onde é mais claro. Finalmente estude a luz, onde ela é mais intensa, onde ela é direta ou indireta o lado que ela vem, as sombras etc.

Estude as cores. Observe a predominância de cores quentes ou frias. Faça um estudo acurado das cores e misturas que serão executadas. Se necessário tente estudá-las separadamente.

Estude a composição, onde está o ponto principal, o ponto de ouro e o design da composição.

Finalmente estude a INTERSECÇÃO, onde os escuros se entrelaçam entre os elementos. Observe o exemplo para compreender isso. Considero fundamental você ter uma noção da intersecção, pois ela trará ritmo e unidade no seu trabalho.

Você já estudou o modelo, estudou o desenho, preparou sua tela com gesso e fez a imprimatura. Preparou seu material, organizou seus médiuns, sua mesa de trabalho. Já desenhou com carvão e fixou sua tela com laquê. Colocou-a no cavalete e está pronto para iniciar seu trabalho.

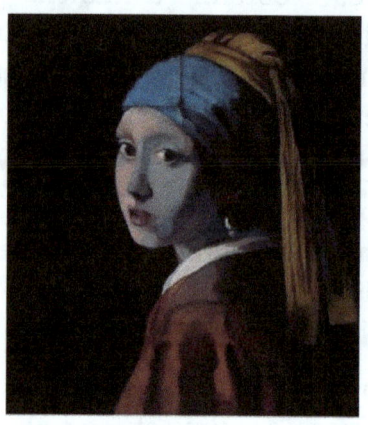

Estudo de claros e escuros feito no celular com aplicativo. O uso do aplicativo é um bom recurso moderno.

A DISPOSIÇÃO DO ESTÚDIO

Uma boa disposição no seu estúdio de pintura é muito importante para cada pessoa em especial. O exemplo a luminosidade interfere a execução de forma diferente para cada pessoa. Um ambiente muito aberto pode atrapalhar pessoas de olhos claros, fotofóbicos, prejudicando a interpretação dos tons e das cores. Assim muitos preferem ter cortinas quebrando um pouco a claridade, ao ar livre usarem aqueles enormes chapéus de palha e até mesmo há aqueles que escolhem os horários para pintar como o entardecer ou a noite com luz artificial. É impossível definir todas as interferências e todas as preferências pessoais. O que você deve saber é que elas existem é que você deve buscar suas limitações e facilidades. Onde você se sente mais confortável, com que quantidade de luz, qual o horário etc.

Também arrume a sua mesa de tintas ao lado do cavalete, distribuída por cores terrosas, cores frias, cores quentes solventes, um vaso co seus pincéis, papel toalha, trapos limpos, seu balde de querosene para limpeza e sua batuta. A BATUTA nada mais é que uma ripa de madeira fina de cerda de 1 metro e vinte que é usada na pintura quando você precisar se um apoio para sua mão. Facilita detalhes, riscos de precisão como mastros com pincel filete etc.

O PASSO A PASSO

Há diversas formas de pintar. Podemos fazer direto ala-prima como os italianos explicam onde tudo é pintado dentro de uma seção, e tipos de underpainting onde pintamos em camadas. Temos também a pintura segmentada aonde vamos completando os espaços, céu, chão, fundos de montanhas e árvores e a pintura de todo o fundo e depois de seca sobrepor outros elementos. Cada técnica tem sua utilidade e acredito que você deva aprender todas elas. Inicialmente faremos a técnica de ala-prima fazendo os blocos e as manchas, refinando em cada seção. Estudando cada passo a passo você já monta a idéia do seu trabalho, da evolução da pintura. Isso também varia conforme o motivo. Veja como faço uma tela de Paris:

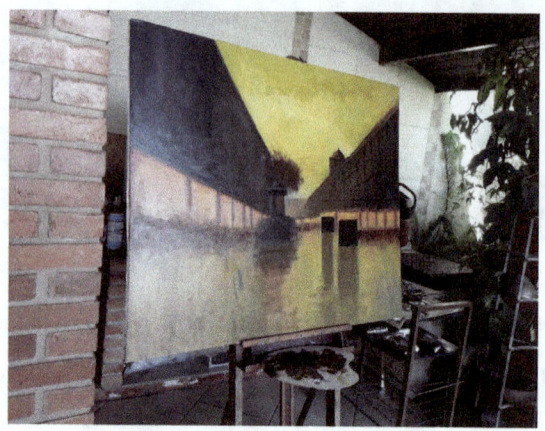

BASE DE UMA TELA DE PARIS – ELEMENTOS DE FUNDO

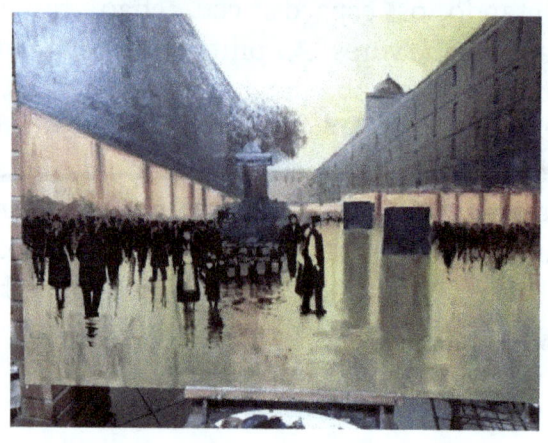

SKETCHING DAS FIGURAS A SEREM PINTADAS

CENA DE PARIS EM ETAPAS

Veja como são as etapas da pintura de uma CENA DE PARIS

01 Pinte o fundo e as estruturas principais.

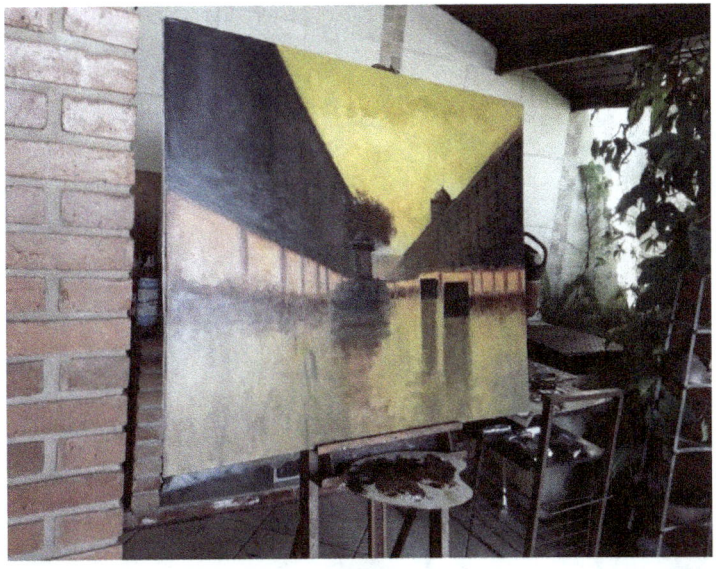

02 Após secagem risque as figuras

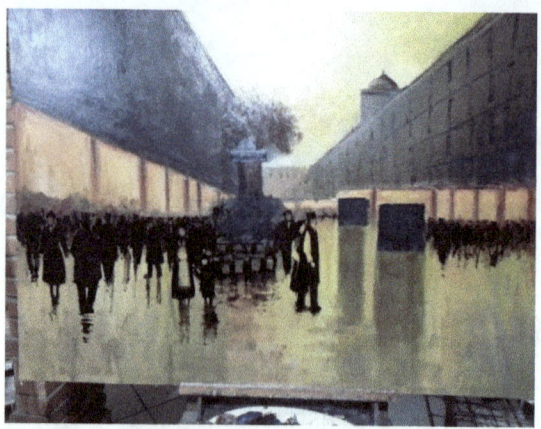

03 Finalize o acabamento

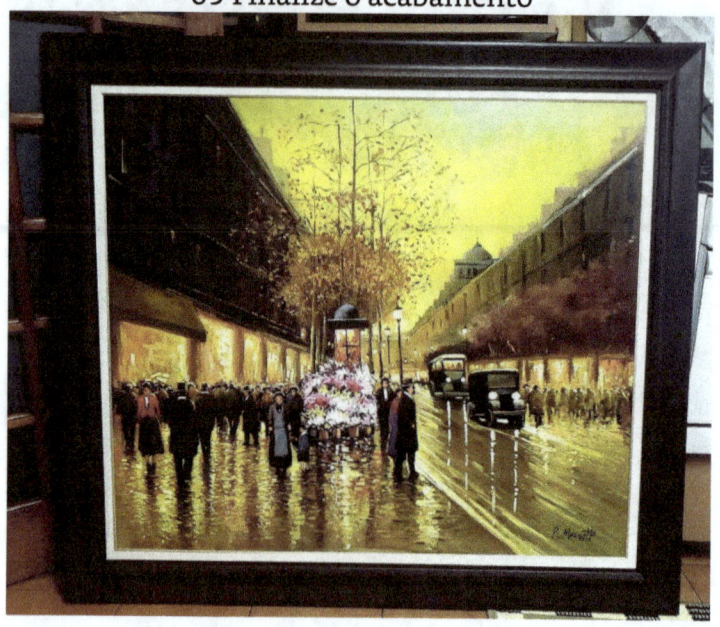

ERRO BÁSICO DO PRINCIPIANTE: A PRESSA!

O estudante principiante muitas vezes é afoito. Não vê a hora de terminar e exibir seu trabalho. Muitas vezes pula todas as etapas de preparação já descritas, não estuda, não observa e só pinta desesperadamente. A pintura requer técnica, muitas vezes a camada seguinte necessita de base úmida, molhado sobre molhado, outras necessitam de base seca, como detalhes, traços secos, veladuras etc. Saver a hora de parar e respeitar nossa orientação dentro do passo a passo é fundamental.

Outro erro é acabar de passar o gesso e com pouco tempo de secagem (mesmo o acrílico) quere fazer a imprimadura. Pode ser feito? - Pode, pois o acrílico seca rapidamente, todavia não fica bom. Pra ter uma textura fina, bem lisa, de qualidade necessita de 12 horas entre as camadas de gesso e 24 horas entre a última de gesso e a imprimadura em acrílico.

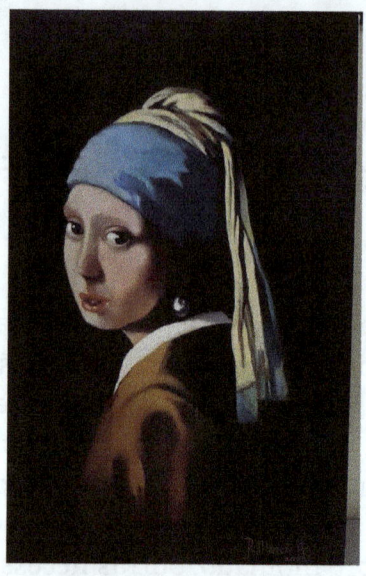

TELA BEM PINTADA MAS COM ERRO DE DESENHO

Aqui um exemplo de como um desenho mal planejado comprometeu e trabalho final. No caso erros no desenho dos olhos e da boca. Esta tela foi descartada pois ficava muito trabalhos fazer todas as correções. Assim não queime etapas.

Veja abaixo um exemplo melhor desenhado

PINTURA DE MESTRE III

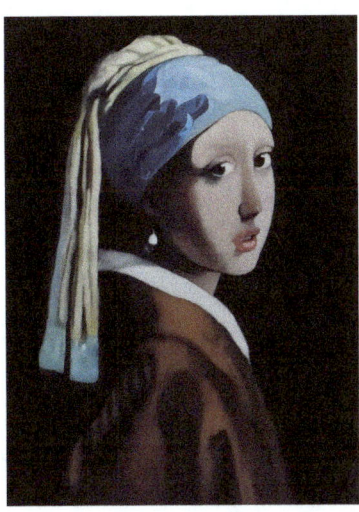

Aqui um desenho correto onde as proporções foram melhor estudadas.

ESTUDO DE TÉCNICAS

Para pintar bem não adianta chegar no momento e ver se você consegue ou não o efeito, a pincelada, o risco exato numa seqüência de tentativa e erros interminável. Você vai errar muito, perder muito material, se frustrar demasiadamente e aprender muito lentamente. Para isso você necessita muitas vezes de um bloco de papel grosso, e prática de exercícios de técnicas. Fazendo isso desenvolverá seu risco, seu traço, sua pincelada com vários pincéis, sua interpretação etc. Acredite que isso deve ser feito diariamente, mesmo para pintores experientes. Achados podem ser guardados, fixados na parede como exemplos a serem utilizados.

Eu costumo comprar cadernos de folhas grossas e passar nelas uma base de gesso acrílico. Uma vez seca ficam ótimas para estudos. Também uso os sketbooks onde também uso gesso nas folhas.

O GORDO SOBRE O MAGRO

Um dos fundamentos da pintura é que as camadas iniciais sejam finas e que as camadas mais espessas e carregadas sejam superpostas de forma progressiva, nunca o contrário. Assim a pintura vai encorpando, os médiuns vão ficando mais oleosos e finalmente temos o impasto e detalhes com espátula quando indicados. O impasto é toque de tinta espessa feitos com pincel com pouco solvente ou médium e até sem qualquer solvente.

Temos também as tintas de empasto que servem para emgrossar as tintas quando se necessita de um impasto mais consistente.

Em telas clássicas como Caravaggio, Vermeer quase não se usa. Nas tela tipo Rembrandt já são mais usados pois as pinceladas são encorpadas.

As camadas finais de uma pintura são as veladuras. Nestas a tinta aplicada é bem fina. Já nos impastos finas pode ser mais espessa. A regra é no geral, nada impede uma veladura ou uma correção mais fina em qulquer fase, porém o contrário geralmente não dá certo e usar um impasto no início de um trabalho pode dificultar muito a evolução da obra.

TOQUES COM O PINCEL

A pinceladas pode definir a pintura de um detalhe. Sofrem enormes influencias de acordo com o tipo do pincel, da diluição maior ou menor da tinta, da pincelada seca, do risco rápido da quantidade de tinta carregada no pincel. Você deve treinar e estudar as suas pinceladas. Muitas vezes no acabamento de uma tela as pinceladas secas ou semi- secas dão um efeito pictórico maravilhoso ao trabalho. Dão graça, fluidez, movimento, distância etc. Compreender isso é um dos segredos de uma boa pintura. Pequenos toques, riscos,pontilhado etc.

Muitas vezes especialmente em arvóres necessitamos que a pincelada seja mais carregada de tinta para ressaltar as folhas. Neste caso você pode pegar a tinta com o dorso do pincel e assim ao pintar com a frente do pincél e a tinta do dorso se depositara de forma mais acentuada.

Ao contrário em uma pintura clássica o pincél nunca será carregado pois estes trabalhos exigem uma piuncelada muito mais delicada.

O PLANOS DO TRABALHO

O trabalho tem planos. Uns mais como as paisagens outros menos como cartazes e natureza morta. Os planos devem ser conseguidos não só pelo desenho mais detalhados no primeiro plano na frente e em baixo e menos detalhados no fundo e acima. Devem ser conseguidos também com cores mais suaves no fundo, mais azuladas, menos intensas e menos definidas. Observe seu modelo e estabeleça os planos que precisará. Inicie sempre pintando o plano de fundo. Assim no seu borrão inicial estabeleça o geral inicie pelo fundo: Céu, prédios, montanhas, mata horizontes etc. Faça estudos sintéticos com tinta acrílica e pratique os planos.

No plano da frente as pinceladas são mais encorpadas.

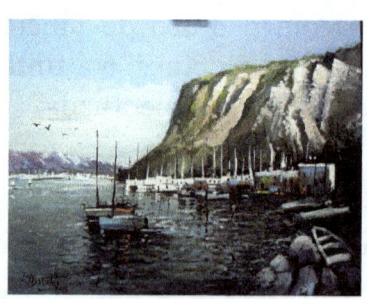

O APONTAMENTO

Sempre identifique um bloco e faça uma mancha definindo o mesmo. Ao pintar uma árvore, uma figura, facão ela em uma cor de fundo predominante para depois ela ser melhor trabalhada. Chamamos isso de apontamento. Primeiro defina o apontamento, depois os detalhes. No apontamento muitas vezes defina áreas de sombra e luz, outras vezes são blocos sólidos e uniformes. Depende do motivo.

Na figura abaixo uma tela onde está feito apenas o apontamento das cores nas figuras. Depois de seca nas camadas futuras os detalhes serão executados. Veja que em muitas partes nem mesmo a luz e sombra foi definida.

RICARDO MASSUCATTO

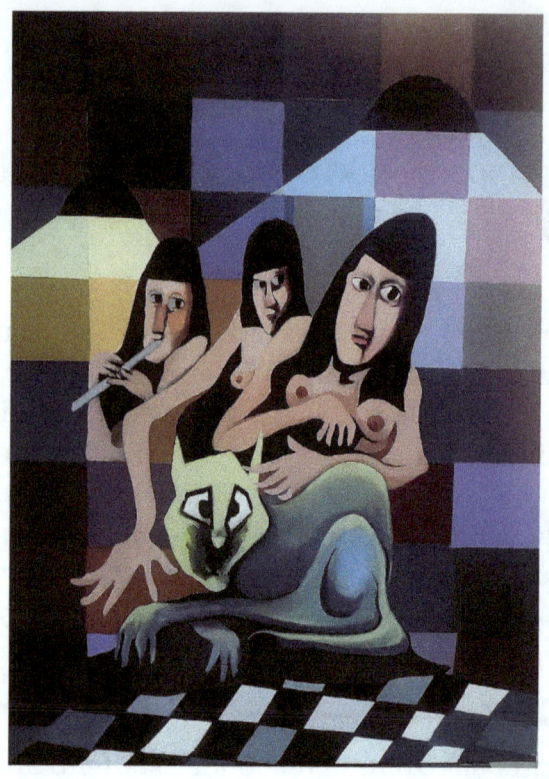

UNDEPAINTING

É uma técnica de pintura que foi muito usada por pintores como Rubens, Werner, etc. Consiste em fazer uma pintura monocromática cinza ou esverdeada, com branco nas áreas de maior claridade definindo o tom de cada elemento na tela e trabalhando os detalhes minuciosamente. Uma vez seco faz as camadas de cores, como veladuras colocando cor sobre a base já pintada. Nesta técnica usam se pincéis de marta, mais delicados para as camadas sucessivas e a diluição e transparência fica muito boa com o uso do VERNIZ DAMAR e da TEREBINTINA VENEZIANA. É forma para pintura de retratos, roupas e para praticar veladuras em seus quadros tradicionais. Sugiro que você pratique underpaintings feitos com tinta acrílica para treinamento.

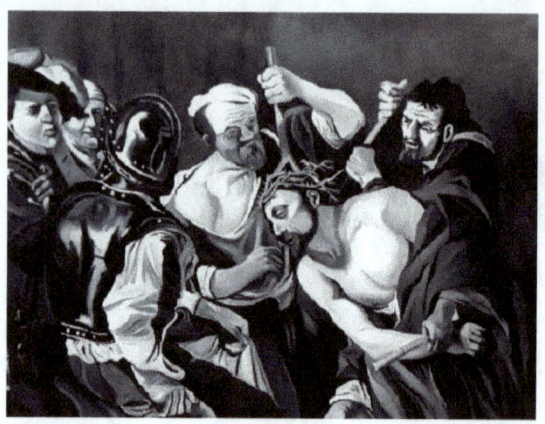

UNDERPAINTING EM TONS DE CINZA

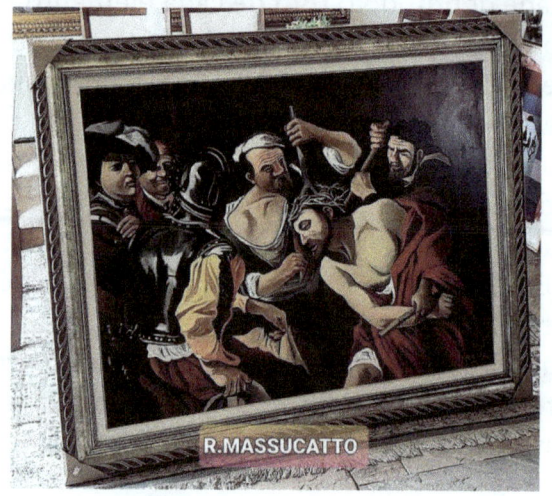

PINTURA FINALIZADA

O REFINAMENTO

Muitas vezes é muito difícil decidir quando uma pintura está terminada. Passar do ponto pode fazer com que o "frescor" da pintura se perca, que se torne confusa e perca sua vivacidade. Por outro lado muitas vezes o detalhe faz toda a diferença, traz acabamento, luz, sombra e mais volume. Assim a melhor orientação que eu posso dar a você é que coloque sempre seu trabalho em um local onde você esteja sempre passando. Mesmo que ache que ele está terminado coloque em um cavalete e deixe secando. Você em alguns dias, depois dom ímpeto do final, achará pontos a serem melhorados, que demandem mais ou menos luz, mais ou menos contraste, mais volume. Eu chamo essa fase de REFINAMENTO. O cuidado com essa fase é que ela demanda dias, talvez até semanas para que finalmente sua obra esteja terminada. Observe que você nunca vai conseguir isso no dia que achou que terminou seu quadro. Requer que você durma, descanse seus olhos, passe muito em frente da sua tela, olhe muito e vá descobrindo detalhes interessantes que possam ser ressaltados. Nas fotos alguns exemplos de refinamento. Observe que isso não significa pintura mais ou menos precisa, mas sim um toque a mais, mesmo que grosseiro!

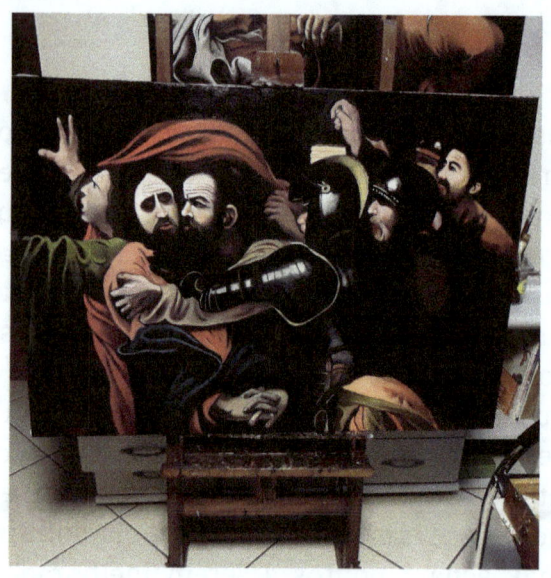

TELA PINTADA AGUARDANDO SECAGEM E REFINAMENTO

Sempre no geral existirão muitos detalhes a serem aprimorados ou corrigidos. Estando a tela seca fica muito mais fácil a execussão da correeção e ou do aprimoramento.

VELADURAS

Aproveitando o conceito de REFINAMENTO observo que a veladura muitas vezes é usada nesta fase. A veladura consiste em fazer uma camada de tinta diluída, muito fina sobre uma área já pintada e completamente seca. Com a veladura você pode alterar o tom, esquentar ou esfriar, suavizar contornos, unir áreas cromaticamente, suavizar transições em retratos etc. Muitas vezes você pode fazer veladuras sucessivas e a cada nova camada ir obtendo um efeito diferente e mais completo. Observe que se você for fazer várias veladuras é importante que espere a completa secagem entre elas. Muitos artistas gostam de fazer veladuras com tinta acrílica, pois usando um gel apropriado se consegue camadas muito finas e diluídas e o mais interessante é que a secagem ao contrário do óleo ocorre em poucos minutos. Também podemos fazer veladuras com Liquim original, estes não secam rápido como o acrílico, mas secam em cerca de 12 a 24 horas permitindo novas camadas. Você só vai aprender a fazer veladuras fazendo, experimentando e obviamente observando. È uma técnica usada em muitos trabalhos e, sobretudo pode ser aplicada no refinamento de pontos de seu trabalho. Veja exemplos.

A LUZ REFLETIDA

Observe que a integração da pintura depende da relação de cores luzes e tons. Um quadro vai ter vida quando a luz e sua cor principal projeta-se em outros pontos da tela. Assim ao pintar um céu alaramjado esse tom laranja pode ser colocado em outras partes da cena como casarios, janelas etc. mostrando a luz refletida e reflexos da mesma.

Sempre que for analisar um modelo ou uma senha estabeleça as áreas de luz e sombra. Observe qual é a luz principal e qual é a sua cor. (A luz nunca é branca) pode ser azulada, de uma manhã, alaranjada de um fim de tarde ou amarela de uma luz noturna. Explorar este aspecto com pinceladas e veladuras no seu trabalho ajuda a tornar seu trabalho profissional.

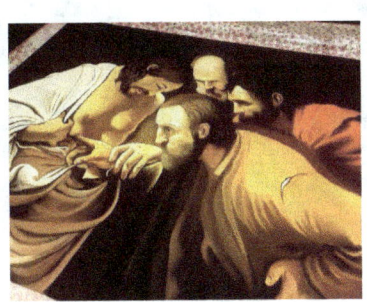

ECONOMIZE A LUZ

Sempre inicie seu trabalho pintando as partes mais escuras, detalhando o fundo e economizando luz. Isso parece óbvio, porém como a luz chama muito a atenção o principiante coloca muita luz no inicio, ficando muito difícil equilibrar a pintura. Lembre-se que é muito mais fácil clarear do que escurecer.

Vá trabalhando de uma forma que a luminosidade fique para a finalização do trabalho. Veja o exemplo abaixo:

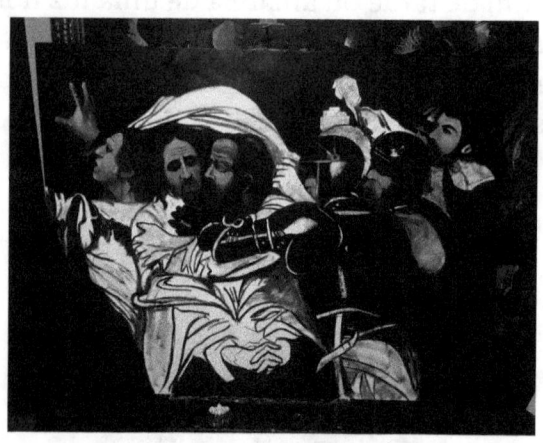

DOMINANDO A PINCELADA

A pintura fica rica quando os detalhes da pincelada ganham delicadeza ou textura. Muitas vezes em uma fina veladura a pincelada é imperceptível, noutras num traço seco ela transmite vibração, distância e rusticidade. Para isso utilizamos o pincel de uma forma diferente com maior ou menor diluição da tinta. Também o resultado sofre influência do fundo, se já totalmente seco, ou se úmido ou semi-úmida.

Uma pincelada seca só pode ser feita com o fundo totalmente seco. Muitas vezes em uma pintura usamos alguns dias antes uma fina camada de verniz Damar para aumentar o efeito e aglutinar mais a tinta. Vale a pena experimentar. Treine a pincelada, a pressão sobre o pincel, varie a diluição da tinta, observe o efeito sobre uma superfície úmida ou seca. No acabamento de um quadro ou uma aquarela isso é fundamental e acredite os resultados não acontecem por acaso.

R ETRATO

De todas as formas o retrato é sem dúvida a técnica mais difícil. Qualquer erro no desenho, nos tons muda completamente a aparência e você se perde em erros sucessivos.

O desenho deve ser primoroso, se possível quadricule e trabalhe ele detalhadamente na sua luz, sombra e tons ainda com um lápis macio. Use uma tela com superfície preparada e observe muito e nunca tenha pressa. Certifique-se que seu desenho esteja perfeito ou nem comece a sua pintura. Se o seu risco já apresenta erros não se iluda com a possibilidade de ir corrigindo na pintura, e o melhor que tem a fazer é passar uma camada de base na tela e iniciar tudo de novo.

Você pode então pintar com camadas, ou chiaroscuro, etc., porém a base perfeita elevará o nível em qualquer técnica.

Use fotos grandes, monte boas referências do seu modelo, estude especialmente a forma dos olhos, nariz e boca que juntamente com o contorno são essenciais neste tipo de trabalho.

Se estiver pintado de um modelo ao vivo use

um compasso de medição para manter todas as proporções corretas. Ao riscar sua tela inicie pelas partes superiores e inferiores e vá fechando a figura observando os ângulos entre cada traço. Faça um envelopamento completo.

Pintores com muita experiência conseguem riscar com pincel e tinta porém as copias perfeitas exigem quadriculado minucioso. O uso de projetor também demanda muita prática pois deformam a figura que no geral não são boas essas cópias salvo se forem bem grandes.

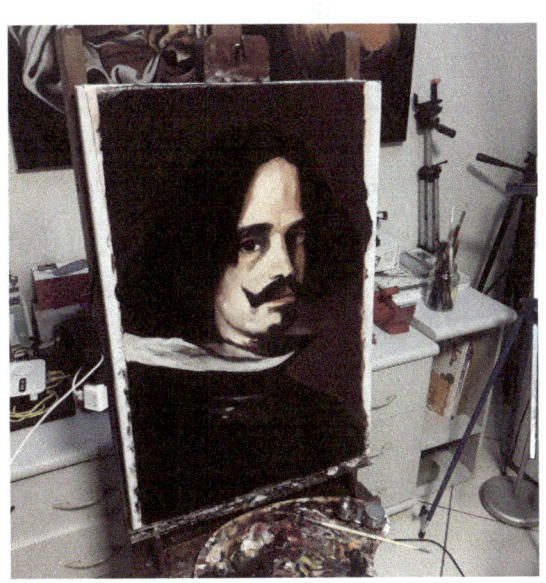

PINTE SEGUINDO A FORMA

Sempre faça sua pincelada seguindo a forma do objeto ou figura. Vá modelando e estruturando sempre no sentido da forma já na base do trabalho.

Sempre que possível pense na sua pintura como um trabalho em etapas em que a cada fase se aproxima de uma realidade. Se você for construindo a forma nas pincerladas desde o início tudo será muito mais fácil no acabamento final.

Procure seguir as características do objeto, a sua borda e a sua textura podem ser destacadas com pinceladas mais suaves ou mais intensas e na direção das massas e fibras do objeto ou figura.

Veja na figura abaixo que mesmo que seja uma fase inicial do trabalho a modelagem já segue a forma, ou seja as pinceladas seguem as linhas naturais da figura.

PINTURA DE MESTRE III

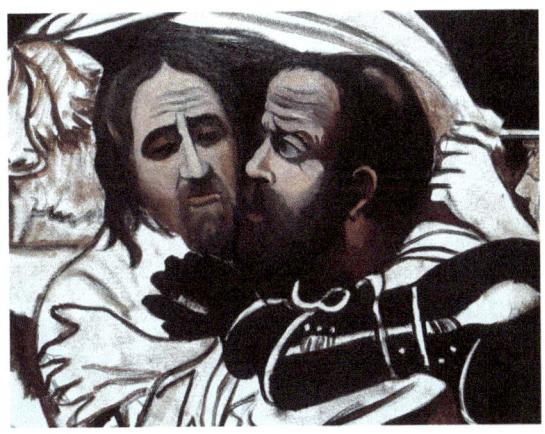

SEGUEM A FORMA DESDE O INÍCIO, MESMO QUE EM CAMADAS INICIAIS MAIS CHAPADAS.

No fundo como na parte preta não ha a necessidade de sehuir a forma pois ela não aparecerá mas na parte dos reflexos já pode gugerir em modelagem da

FORMA INVERTIDA

Você pode pintar de uma forma invertida marcando os contornos e as áreas de luz.

Veja como foi feito o apontamento abaixo.

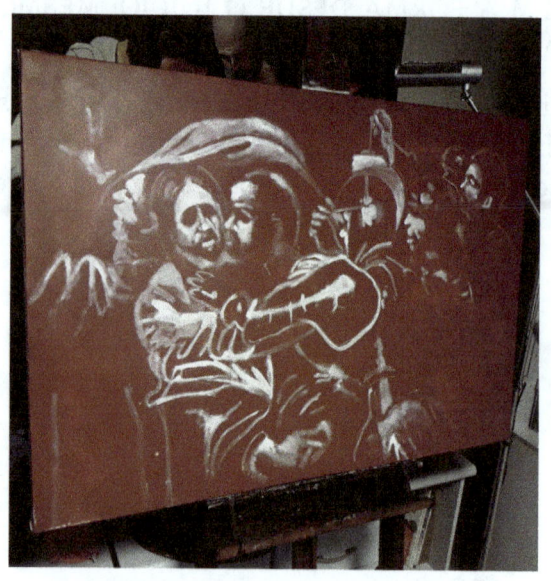

FINAZANDO

Este livro complementa os volumes I e II a venda na Amazom. Também oferece uma complemetação visualatravés de links a vídeos exclusivos ao leitor.

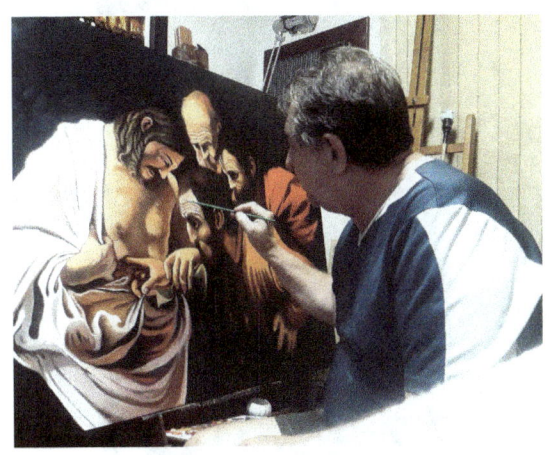

SOLICITE A ÁREA DE VÍDEOS EXCLUSIVA AO ALUNO PELO EMAIL: rmassucatto@gmail.com usando o CÓDIGO PM003 - Precisamos que nos mande seu nome completo e a data da compra deste ebook na Amazon. Você terá acesso a vídos aulas que completam a série Pintura de Mestre em seus 3 volumes

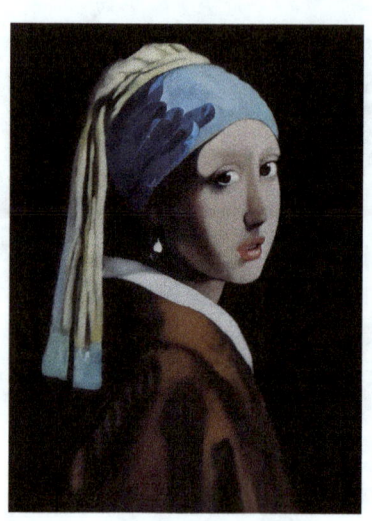

PINTURA DE MESTRE III

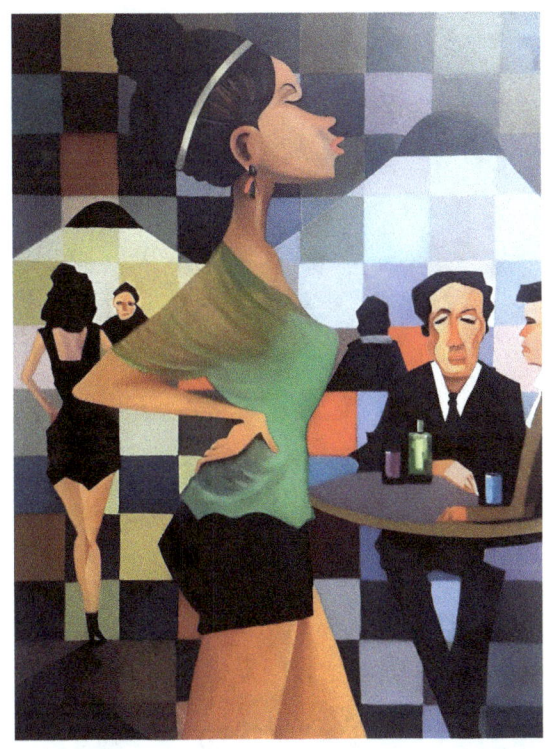

RICARDO MASSUCATTO

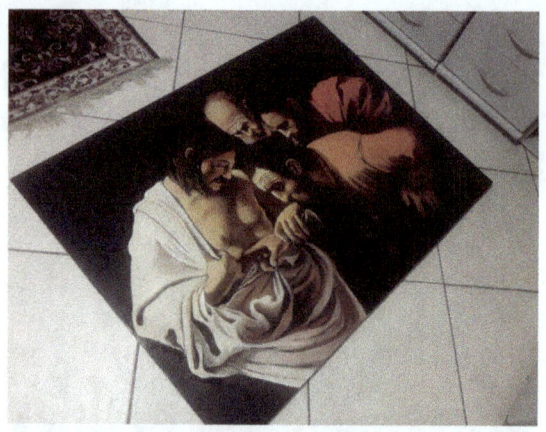

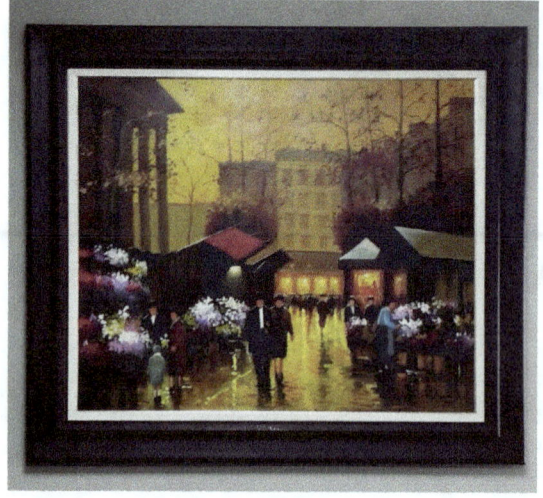

www.ingramcontent.com/pod-product-compliance
Lightning Source LLC
Chambersburg PA
CBHW050251220526
45465CB00002B/639